मेरा आफ़ताब
ऐसा नहीं है

सुशील कुमार सिंह

टू साइन

प्रकाशक : टू साइन पब्लिशिंग हाउस

पता : 21, दूसरी मंजिल, कुंदन नगर बागमुगलिया,

भोपाल, मध्यप्रदेश - 462026 भारत

ईमेल : truesignbooks@gmail.com

वेबसाइट : www.truesign.in

© लेखकाधीन

मेरा आफ़ताब ऐसा नहीं है

लेखक: सुशील कुमार सिंह

ISBN: 978-93-5805-351-7

संस्करण: 2023

समर्पण

माँ के नाम, जिन्होंने अपनी क्षमताओं से बढ़ कर वह
सब कुछ किया जिसकी मुझे आवश्यकता थी
लेकिन मै नालायक... कुछ भी न कर सका
... कुछ भी तो नहीं।

- सुशील कुमार सिंह

"मेंरा आफ़ताब ऐसा नहीं है" को पढ़ने के बाद ....

-देवेन्द्र राज 'अंकुर'

कहा जाता है एक अच्छा कवि एक अच्छा नाटककार भी हो सकता है लेकिन सुशील कुमार सिंह के बारे में ऐसा बिलकुल नहीं कहा जा सकता। मैं सातवें दशक (1970 के बाद) से उन्हें एक नाटककार के रूप में जानता था। उनके लिखे नाटकों के मंचन अलग-अलग मंडलियों द्वारा किये गये और मुझे देखने का अवसर भी मिला। उनके एक सुपरिचित नाटक "सिंहासन खाली है" पर मैंने एक आलेख भी लिखा था - विशेषतय: इस तथ्य को उद्धृत करने के लिये कि तब तक इस नाटक के पूरे देश में अलग-अलग मंडलियों द्वारा अलग-अलग रंगशालाओं में पाँच हजार से ज़्यादा प्रदर्शन हो चुके थे। इस उपलब्धि को पाने वाला हिन्दी का यह एक मात्र नाटक कहा जा सकता है।

लॉकडाउन के दिनों में अचानक 'व्हाट्स ऐप' पर सुशील कुमार सिंह की कविताओं के भीतर से गुजर कर, पढ़ कर सुखद आश्चर्य के साथ-साथ बेहद खुशी भी हुई। उस दौर में जिन दारुण हालातों से हम सब गुजर रहे थे, उसी से प्रेरित होकर हैं ये कवितायें - बहुत ही तीखी, उतनी ही बेबाक और साथ-साथ जहाँ ज़रूरत हो हास्य-व्यंग से भरपूर। अपने आप में नाटक न होते हुए भी नाटकीय विडम्बनाओं से समाहित। अभी तक मैं दो बार इस कविता संग्रह को पढ़ चुका हूँ और हर बार कुछ कविताओं ने मुझ पर भीतर तक असर किया।

जिस नाटकीयता की बात मैंने ऊपर की है, इस संग्रह के अनुक्रम से ही मिलनी शुरू हो जाती है। पूरे संग्रह को पाँच भागों में बाँटा गया है और हर भाग के अलग-अलग शीर्षक भी दिये गये

हैं। 'ग्लोबल' - वैश्विक कवितायें, मर्मस्पर्शी कवितायें, तीखी और बेबाक कवितायें, अद्भुत कवितायें और रंगमंचीय कवितायें - जैसे नाटक के पाँच अंक और फिर भी अपने आप में पूरी तरह से स्वतन्त्र। कुल मिलाकर छियालिस कविताओं के माध्यम से कवि ने देश, दुनिया, सत्ता, परिवार, व्यक्ति, व्यवसाय - सब कुछ एक साथ समेट लिया है।

एक अद्भुत संयोग है कविताओं के चयन और उनकी प्रस्तुति में - पहली तेइस कवितायें देश-दुनिया में उपजी परिस्थितियों के भीतर से उमड़-उभर आई हैं तो अगली तेइस कवितायें अपने लिखे या निर्देशित किये नाटकों से या दूसरे निर्देशकों की प्रस्तुतियों के लिये रचित गीतों के रूप में सामने आती हैं।

कुल मिलाकर सुशील कुमार सिंह की कवितायें अत्यन्त उत्साहित करती हैं, उत्सुकता जगाती हैं और भविष्य के लिये आश्वस्त करती हैं।

'एक यूक्रेनी बच्ची की ओर से', 'मेमना लोकतन्त्र का', 'इस लोक से नहीं उस लोक से', 'औरतें कमज़ोर नहीं होतीं', 'मेरा आफ़ताब ऐसा नहीं है', 'तलाश', 'चाँद का मुँह टेढ़ा क्यूँ', 'महाभोज', 'देश सेवा', 'देशद्रोही', 'नोटबन्दी', 'सिक्स्टी प्लस', 'ज़िन्दगी एक वेटर की', 'क्या कहते हो जॉनी', 'संकट' - एक लम्बी सूची है कविताओं की जिनकी निजता, विशिष्टता और गहराई को बखूबी चिन्हित किया जा सकता है।

एक और विशिष्ट कविता का उल्लेख करना तो रह ही गया, उसके बिना बात नहीं बनेगी-

दिल भर आया...

आँखें नम हो आईं...

मुझे अपने बाबू जी की याद भिगो गई.....

अन्तस तक।

बाबू जी यानी हमारे पिता

जिन्हें हम बाबू जी कहते।

बड़े कड़क... गुस्से वाले...

वो यहाँ... तो हम वहाँ,

वो इधर... तो हम उधर।

आँख मिचौली वाला रिश्ता पर मजाल है

जो उन्होने कभी भी,

किसी चीज की कमी

महसूस होने दी

स्कूल... कॉलेज... बेरोजगारी

हर कहीं ज़रूरतें पूरी करते हमारी
बहुत प्यार था आँखों में
पर होठ खामोश ही रहे
खामोशी से चले गये...
बिना कोई एहसान जताये
नहीं हैं अब...
पर अब भी साथ हैं
पास हैं... रहेंगे हमेशा
मेरे पास ही
बाबू जी हमारे।

आशा है कि कविताओं का सिलसिला थमेगा नहीं।

16 जून 2023
नई दिल्ली

-देवेन्द्र राज 'अंकुर'
कहानी के रंगमंच के जनक,
वरिष्ठ लेखक-निर्देशक,
पूर्व निदेशक,
राष्ट्रीय नाट्य विद्यालय,
नई दिल्ली।

भूमिका

"मेरा आफ़ताब ऐसा नही है"

कुछ चुभता है तो कविता फूटती है

मूलत: मैं नाटककार हूँ और ऐसे नाटक रचता हूँ जो व्यवस्था की अव्यवस्था पर अन्याय, शोषण तथा अत्याचार, भ्रष्टाचार, राजनीतिक, सामाजिक विसंगतियों तथा विदूप पर तीखे, बेबाक प्रहार करने में संकोच नहीं करते। ऐसी परिस्थितियाँ चाहे देश में हों या दुनिया के किसी भी कोने में.... मुझे चुभती हैं। आपातकाल में मेरे दो नाटकों 'सिंहासन खाली है' और 'नागपाश' के प्रदर्शनों पर रोक लगा दी गई थी। ये दोनो राजनीतिक व्यंग नाटक हैं। 'सिंहासन खाली है', सत्ता और सिंहासन के लिये ख़ूनी साज़िश, षड्यन्त्र, घिनौनी राजनीति तथा झूठे, छलपूर्ण नारों वायदों से भोली भाली जनता को निरन्तर मूर्ख बनाने और छलने वाली राजनीति एवं धूर्त, भ्रष्ट नेताओं की करतूतों को बेनकाब करता है। 'नागपाश' आपातकाल की ज़्यादतियों और राजनीतिज्ञों की तानाशाही प्रवृति को उजागर करता है।

नाटकों की दृश्यरचना में परिस्थिति पात्र, संवाद, दन्द, अन्तर्द्वंद, परस्पर सम्बन्ध और नाटकीयता को ध्यान में रख कर दृश्य लिखने होते हैं। कई बार हमें नाटक में अतिरिक्त प्रभाव पैदा करने के लिये कविता या गीत का सहारा लेना होता है। कविता के माध्यम से कम शब्दों और कम समय में वांछित प्रभाव उत्पन्न किया जा सकता है लेकिन पाठ प्रभावशाली होना चाहिये जो होता ही है क्यों कि नाटक में पूर्वाभ्यास भी खूब होता है।

देश और समाज के विभिन्न विषयों पर मैंने नाटक लिखे और उनमें परिस्थितियों के अनुरूप कवितायें और गीत लिखे। सभी नाटकों में नहीं, कुछ नाटकों में। 'अंधेरे के राही' में युवा पीढ़ी की मानसिकता, कुंठा, अन्तर्द्वन्द को व्यक्त करने के लिये सांकेतिक, प्रतीकात्मक या व्यंगात्मक कवितायें लिखी। नागपाश में आपातकाल की त्रासदी पर त्रासद कवितायें लिखीं जो परिस्थिति को व्यक्त करें तथा उसके विरुद्ध उठ खड़े होने के लिये प्रेरित करें। आपातकाल के बाद अल्पकालिक जनता पार्टी का शासन जो दूसरी आज़ादी के नाम पर देश में आया, की हास्यास्पद, भ्रष्ट, भाई-भतीजा वाद वाली संस्कृति और जनता की घुटन पर लिखा गया राजनीतिक व्यंग नाटक 'आज नहीं तो कल' में भी ऐसी व्यवस्था का पर्दा-फ़ाश करने वाली तथा इसके विरुद्ध क्रान्ति का आह्वान करने वाली सांकेतिक कवितायें हैं। कुमाउँनी लोक कथा पर आधारित नाटक 'नौलखिया दीवान' में कुमाउँनी बोली और संस्कृति को व्यक्त करते

लोकरंग के गीत हैं। नाटक 'अलख आज़ादी की' जो हिन्दुस्तान के इतिहास पर देश प्रेम से ओत-प्रोत नाटक है, में अनेक गीत हैं- वैभव के, गुलामी के, गुलामी की त्रासदी के, साज़िश और षड्यंत्र, 1857 की क्रान्ति के, सामाजिक कुरीतियों के, प्राणों का बलिदान करने वाले शहीदों के, जलियाँवाले बाग़ में हुए नर संहार की त्रासदी के और आज़ादी को सहेज कर रखने की ज़िम्मेदारी तथा चेतावनी के गीत हैं।

उक्त नाटकों के लिये कवितायें, गीत लिखने से अलग, स्वतंत्र रूप से मैं कवितायें या गीत नहीं लिखता था। मित्र निर्देशकों के आग्रह पर उनके नाटक आदि के लिए यदाकदा कवितायें लिखीं। स्वयं निर्देशित नाटक 'जानेमन इधर' के लिये भी गीत लिखे। इससे अधिक नहीं। कोरोना काल में जब देश के एक कोने से दूसरे कोने तक मजदूरों- कामगारों का पलायन शुरू हुआ और सरकारों ने रेल, बस, हवाई जहाज़ आदि तमाम यातायात के साधनों पर पाबन्दी लगा दी, आफ़िस, स्कूल, दुकानें, बाज़ार सब बन्द। उचित इलाज, आक्सीजन, दवाओं की कमी से हजारों लोग मरने लगे शमशान में दाह संस्कार की जगह कम पड़ने लगी। चीन के बुहान के दृश्य फिर अमेरिका, रूस समेत विश्व के तमाम देशों के लाखों लोग कालकवलित हो गये। सरकारों का रवैया सभी जगह लगभग एक सा हताशाजनक रहा। इसका मुझ पर गहरा असर पड़ा।

इस महामारी के अतिरिक्त भी देश और दुनिया में ऐसी अनेक घटनायें घटीं जिन्होंने मुझे झकझोरा..... मेरे हृदय में कुछ चुभा और जब-जब ये चुभन मैंने गहराई से महसूस की, मेरी क़लम से कविता फूटी। अफ़ग़ानिस्तान में तालिबान द्वारा लोकतन्त्र का अपहरण हो या रूस यूक्रेन युद्ध, ईरान की औरतों का हिजाब विरोधी आन्दोलन हो, या देश में घट रही अप्रत्याशित घटनायें। देश सेवा के नाम पर दलबदल और सिद्धान्तहीन राजनीति, राज नेताओं द्वारा एक दूसरे पर कीचड़ उछालने की पराकाष्ठा, जनता को अच्छे दिनों के सपने दिखा कर मूर्ख बनाने का खेल, कश्मीरी पंडितों की हत्यायें, नक्सली हमलों में शहीद होते जवान तथा बेबसी, अतीत को झुठलाने – भरमाने के ओछे प्रयास आदि-आदि। मैनें अपनी कविताओं को पाँच वर्गों में विभक्त किया है -

1. 'ग्लोबल' वैश्विक कवितायें

2. मर्मस्पर्शी कवितायें

3. तीखी और बेबाक कवितायें

4. अद्भुत कवितायें

5. रंगमंचीय कवितायें

अद्भुत कविताओं में आमतौर पर न लिखे जाने वाले विषय हैं और रंगमंचीय कविताओं में वह कवितायें, गीत या रचनायें हैं जो मैंने अपने नाटकों के लिये लिखे अथवा अन्य नाट्य-प्रस्तुतियों के लिये लिखे।

"मेरा आफ़ताब ऐसा नहीं है" मेरा पहला कविता संग्रह है। इसके पूर्व मेरे 15-20 नाटक और अनेक बाल नाटक प्रकाशित हो चुके हैं।

दिल्ली की वह जघन्य घटना जिसमें एक प्रेमी ने अपनी ही प्रेमिका की नृशंस हत्या कर उसके 32 टुकड़े किये, रसोई के फ्रिज में सजाये, और हर रात उन्हें दिल्ली के ही महरोली जंगल में हिंसक जानवरों के खाने के लिये परोसता रहा। यह घटना कोई कैसे भूल सकता है ? आप भी नहीं भूले होंगे। इसी घटना पर आधारित मेरी कविता 'मेरा आफ़ताब ऐसा नहीं है' शीर्षक से ही यह कविता संग्रह है। आशा है पाठकों का स्नेह और सुझाव अवश्य मिलेंगे।

7 मई 2023

सुशील कुमार सिंह

ए-24/14, प्रथम तल, सुलभ

एल. डी. ए. आवास अपार्टमेन्ट्स,

जानकीपुरम विस्तार, लखनऊ - 226031

मोबा : 9839025538

ईमेल: sks.lucknow09@gmail.com

अनुक्रम

अद्भुत कवितायें

रंगमंचीय कवितायें

'ग्लोबल' वैश्विक कवितायें

एक यूक्रेनी बच्ची की ओर से

युद्ध बन्द करें।

पुतिन दादू! युद्ध बन्द करें,

जेलेन्स्की अंकल!

ज़िद छोड़ें.. युद्ध बन्द करें।

फूलों के लिये,

चिड़ियों के लिये,

हमारे पपीज़ के लिये

युद्ध बन्द करें।

हम बच्चों के लिये

जिन्हें आप देश का भविष्य कहते हैं... युद्ध बन्द करें।

पुतिन दादू! जेलेन्स्की अंकल!

घोसलों को मत जलायें

बाड़ों को मत फूँके मिसाइलों से

हमारे घरों, गली, मोहल्ले,

शहरों को न ढहाएं

यतीम इधर भी हो रहे हैं

और उधर भी...

हमारे पिता, भाई, अन्कल

मारे जा रहे हैं युद्ध में

इधर भी और उधर भी

पुतिन दादू!

जेलेन्स्की अंकल!

युद्ध बन्द करें।
हवाओं में ज़हर मत घोलें
फ़िज़ाओं में बारूद
और आग के शोले मत उड़ेलें।
दम घुटता है, नानी का
साँसें उखड़ रही हैं
प्यारी दादी की।
चौंका देते हैं... डरा देते हैं
धमाके हमें... और उन्हें भी
जो सोये हुए हैं कब्रों में
सदियों से और जिन्हें
सौगात दी है आपने...
ताज़ी कब्रों की।
युद्ध बन्द करें
पुतिन दादू!
जेलेन्स्की अंकल!
भले ही जीत जायें... आप
...या आप.... लेकिन...
जीत का जश्न
क्या मना पायेंगे?
मातम पसरा है जहाँ
खुशियाँ लौटा पायेंगे?
जिन्होंने खोया है... अपनों को
जीवित लौटा पायेंगे?
होश में आयें...
अपनी आन और गुरूर छोड़ें... युद्ध बन्द करें
पुतिन दादू... जेलेन्स्की अंकल युद्ध बन्द करें।

जो बाईडेन सर!
प्लीज़...
हमारी दुनिया में आग
मत लगायें।

मेमना लोकतन्त्र का

जब हम मना रहे थे स्वतंत्रता के 75 वें वर्ष का

उत्सव

ठीक तभी... एक खूँखार

अजगर... निगल रहा था...

निगलता जा रहा था...

और लो... निगल भी गया

पूरे का पूरा

समूचा

मेमना लोकतन्त्र का

वह कसमसाता रहा...

छटपटाता रहा...

तड़पता रहा...

और हम

तमाशबीन रहे

दुनिया तमाशा देखती रही

दुनिया के ठेकेदार

तमाशा देखते रहे...

ओढ़े रहे... एक नपुंसक

ख़ामोशी

और वो भगोड़ा

जो ख़ुद को ख़ुदाई फ़ौजदार समझता है

इस प्लैनेट का ठेकेदार बनता है

जिसने उठाया था बीड़ा
इस मेमने की रक्षा का
सुरक्षा का
ढकेल कर मौत के
जबड़े में
भाग गया… खुद… कायर !

धूलधूसरित…लहूलुहान
उस धरती पर
नहीं खिल सकेंगे फूल
नहीं जा सकेंगी
बच्चियाँ स्कूल
खींच लेजायेंगे
बर्बर… ज़ालिम…
आततायी…
करायेंगे निकाह जबरन
ठूँस देंगे घिनौने हरमों में

कामकाजी औरतें
आधुनिकता के साथ
चलने का हौसला
रखने वाली औरतें
रचनात्मकता के रंगों से
आसमान रँगने वाली औरतें
कोख को धन्य करने वाली
बेटियाँ
पिता का मान रखने वाली
दुख़्तरें

माटी का मान बढ़ाने वाली

लाड़लियाँ

डरी हैं.. सहमी हैं...

आतंकित हैं

भय है उनकी आँखों में

जिस्म में सिहरन है

कँपकँपी है पैरों में

और एक ही सवाल

क्या होगा हमारा

इस ज़ालिम दौर में

जिसने डाल दी है

बेबसी… घुटन… और

ज़ुल्म की फ़ौलादी नक़ाब

समूचे वज़ूद पर।

मासूम बच्चों की

चमकती आँखों में

डर तो है.. पर कौतूहल भी

क्या हमारे सिरों पर भी

सजेंगी काली-सफ़ेद

शानदार पगड़ियाँ?

हाथों में होंगे

आग उगलते हथियार!

खेल सकेंगे हम भी

मरने-मारने का

दिलचस्प खेल!

मर्दों के चेहरों पर
उगने लगी दाढ़ियाँ
सज गये कबीलाई लिबास
भ्रष्ट रहनुमा भाग गये
अपने ख़ज़ाने लेकर
इन्हें तो यहीं रहना है
और ज़ुल्म सहना है।

और... वो लहरा रहे हैं
जीत के झन्डे
दाग रहे हैं
उन्मादी गोलियाँ
रौंद रहे हैं ज़मीन
काले ख़ौफ़नाक लिबासों में
कितनी आसानी से
पा गये हुकूमत
मना रहे हैं जश्न जीत का
क़ाबिज़ हो गये एक मुल्क पर
अब नज़र होगी पड़ोस पर
फिर निकल पड़ेंगे
दुनिया फ़तेह को।

उस लोक यानी परलोक से

हाँ, मैं वहाँ नहीं हूँ... जहाँ होता था।
उस लोक में नहीं हूँ परलोक में हूँ....
अकेले नहीं हूँ.. लाखों-लाखों-लाखों लोग... नहीं
लोग नहीं.. आत्मायें.. मृतात्मायें या प्रेतात्मायें!
जो भी समझ लें...
पर हैं ग्लोबल
हिन्दी,
चीनी, ब्राज़ीलियन, मैक्सिकन, अमेरिकन, रसियन, ब्रिटिश, पाकिस्तानी,
बँगलादेशी, नेपाली ईटीसी-ईटीसी यानि आदि-आदि।
चीनी मृतात्मायें तो...
भेड़ों की तरह सिर झुकाये
एक दूसरे से कुछ इस तरह गुथीं रहती हैं... कि
उन्हें कोई देख न ले....
सिसकती रहती हैं.. सुबकती रहती हैं.. और
कोसती रहती हैं
अपने रहनुमाओं को...
गहरे सदमें में
जिनके क्रूर कारनामों..
करतूतों से.... वे....
और वे ही क्यों ?... सब..
हम सबके सब... मृतलोक पहुँचें।
सुपर मृतात्मायें... ऐंठी-अकड़ी-अकड़ी, दूसरों पर रौब झाड़ती...
घूम रही हैं... भरोसा है उन्हें, अपने सुपर नेतृत्व पर।
रसियन भी कॉन्फीडेन्ट हैं

अपने आका की अय्यारी पर... जा सकेंगी कभी न कभी वापस अपने लैंड में

बाकी सब बेहाल....

फटेहाल...

बुरे हाल तो हैं... प्राचीन सभ्यता-संस्कृति वाले देश के.....

अन्तिम संस्कार भी न हो पाया जहाँ....

बहा दिये गये प्रदूषित नदियों में...

दबा दिये गये, ठंडी रेत में..

नोच रहे हैं... चील-कौवे..

घसीट रहे हैं.. श्वान और सियार

पट गये हैं तट के तट

उभर आये.. नये-नये मरघट।

जीवित थे.. मर तो तब भी रहे थे.... हर पल...

पहले जाँच के लिये फिर एम्बुलेंस.... आक्सीजन... अस्पताल....

बेड.... रैमिडीसिविर....

दम तोड़ गये तो लावारिस हो गये एक पल में

अपनों की ही नज़र में

और बन गये

आँकड़े सरकारी,

वो कहते हैं सत्तर साल में

कुछ ना करने का नतीजा है ये... और ये कहते हैं...

सात सालों में जो किया

उसका भुगतान है ये।

जो भी हो.. सब दिखायी दे रहा है... परलोक से....

आपदा को अवसर में बदलने का खेला...

चुनाव जीतने का वहशी पागलपन... मँहगाई... बेरोज़गारी.... महामारी की मारी....

नकली दवायें और काला बाज़ारी....

झेलने को मजबूर

जनता बेचारी!

औरतें कमज़ोर नहीं होतीं
(ईरान के हिजाब विरोधी आन्दोलन पर)

औरतें आब हैं

औरतें आग हैं

औरतें सैलाब हैं

पर्वतों की दपदपाती चोटियों सी....

आसमाँ छू लेने को बेताब हैं।

ज़ुल्म सह लेती हैं

होंठ सी लेती हैं

पर एक हद तक....

हदें पार होते ही

औरतें ललकार हैं।

वो जो ख़ुद को समझते हैं

ख़ुदाई फ़ौजदार

और औरत को पाँव की

जूतियाँ...

लगाते हैं तरह-तरह की

पाबन्दियाँ...

चलाते हैं मज़हबी कोड़े

क़ैद कर रखना चाहते हैं

औरत को अंधेरे में

सिर से पाँव तक

शरीर, आत्मा और सोच को

भूल जाते हैं वो….

आसमान से नहीं टपके

जाँघों के बीच से जन्मे हैं

औरत की….

गर्भनाल से बँधे

गर्भरस से सने माँस के लोथड़े

रग-रग में बहता है उनके

उसका ही ख़ून।

नदियाँ कैसे बहें

समन्दर कैसे उछाल मारें

हवायें कैसे चलें

औरतें कैसे लहरायें

ये वो ख़ुद तय करेंगी।

गृहस्थी सम्हालेंगी या

मैट्रो चलायेंगी

ये वो ख़ुद तय करेंगी।

खेल के मैदानों में

पदक बटोरेंगी या अन्तरिक्ष में नये कीर्तिमान गढ़ेंगी

ये वो ख़ुद तय करेंगीं।

सिनेमा के पर्दे पर छा जायेंगी या सर्जिकल

औज़ारों से जूझती

किसी की ज़िन्दगी बचायेंगी

ये वो ख़ुद तय करेंगी।

गर्व से सीना तान कर चलेंगी…

हिजाब पहने या न पहने

वो ख़ुद तय करेंगी।

देश की बागडोर सम्हालें

या यू एन ए में
चुनौती बनके खड़ी होंगी
ये वो ख़ुद तय करेंगी।
हवाओं को बहने दो
आँधियाँ चलने दो
वर्जनायें टूटने दो।
औरतों को मत रोको... मत टोको...... वे कमज़ोर नहीं होतीं।

मर्मस्पर्शी कवितायें

हाँ.. मैं फिश

हाँ… मैं फिश…

जल में रहने वाली मछली

जल में घुली आक्सीजन से मैं भी लेती हूँ साँस….

अपने गलफड़ों से… और

त्वचा यानी स्किन से

नहीं लेती विश्राम… एक पल भी

तैरती रहती हूँ जल में

इधर से उधर..

नीचे-ऊपर…

करती रहती हूँ कौतुक।

रंग-बिरंगी, हर आकार-प्रकार की… सुन्दर.. सलोनी… मनमोहक

मोह लेती हूँ मन… हर किसी का…

फिर भी…

अपने स्वाद-स्वार्थ के लिये

ऐ मनुष्य !

तू निकाल फेंकता है हमें

जल से बाहर…

छटपटाने के लिये….

तड़पने के लिये

दम तोड़ने के लिये…

बिना आक्सीजन… बिना साँस ….

घुट-घुट कर मरने के लिये

और मरने भी नहीं देता..
चैन से....
काटने-तलने लगता है
हमे ज़िन्दा ही।
आक्सीजन के अभाव में... साँस के अभाव में
छटपटाते हुए....
दम तोड़ना कैसा होता है
ऐ मनुष्य!
शायद अब तुझे भी समझ
आया हो....
अपने प्रियजनों को छटपटाते... तड़पते...
दम तोड़ते देख!
क्यों कलेजा कचोटता है तेरा.. अपनों को मरते देख?
हम तो सदियों-सदियों से
अभिशप्त हैं....
यही सहने-देखने के लिये
तेरे दो कौड़ी के स्वाद के लिये....
तेरी दो टके की जुबान के लिये....
तेरे कभी न भरने वाले पेट के लिये....
तेरे स्वार्थी बेरहम कुनबे के लिये....
तो अब मर बिना आक्सीजन...
बिना साँस
फलित हुआ है मेरा श्राप
लगी है मेरी बददुआ।

लो फिर मारा गया

लो, फिर मारा गया...
एक कश्मीरी पंडित
घाटी में....
और हम, एक पल के लिये
बस, एक पल के लिये,
गंभीर, चिन्तित,
शोकपूर्ण मुद्रा में...
अफ़सोस प्रगट करते हैं।
कायराना हरकत
घोषित करते हैं।
कोसते हैं,
पड़ोसी मुल्क को....
और अपनी नपुंसकता पर
ख़ामोश रहते हैं।
हो गया नरसंहार
अपने ही देश में
अपने ही लोगों का
होते रहे बलात्कार
फूँके जाते रहे घर
मजबूर हुए करने को पलायन अपनी ही धरती से
और बन गये शरणार्थी
अपने ही देश में।
ओढ़े रहे मौन
सर्वोच्च सत्तासीन

करते रहे गुणा-भाग
राजनीतिक हानि-लाभ का
चीख़ती, कराहती, लहूलुहान होती रही
घाटी…
काला, शर्मनाक अतीत था वह तो…
पर आज?
लो फिर मारा गया
एक कश्मीरी पंडित
घाटी में
सरे आम… पूछा नाम
दहशतगर्दों ने
और धाँय… धाँय…
नहीं है नयी बात ये, आये दिन…
मार ही दिया जाता है
एक कश्मीरी पंडित,
एक हिन्दू… सिख… या कोई ग़रीब कामगार
वे जब चाहे… मार सकते हैं किसी को भी… कहीं भी
घाटी में…
और हम हर बार कर देते हैं सुरक्षा कड़ी… फिर भी
हाथ मलते रह जाते हैं।
राजनीति की
चौसर पर नई गोटियाँ
बिछाने लग जाते हैं…
राष्ट्रवाद की लहर पैदा हो…
धार्मिक उन्माद हो
कुछ बस्तियाँ
जलें-फुँके…
इन्सानियत तार-तार हो
पर वोटों की बौछार हो।

देश-विदेश में

अपनी गुमनाम उपलब्धियों का गुणगान

करते नहीं थकते

लेकिन नाकामियों पर

क्या शर्मसार भी होते हैं ?

कब चलेगा बुलडोज़र

दहशतगर्दों पर

आतंकवाद पर

उन जड़ों पर जहाँ से

खाद-पानी मिलता है

या हमारी माँयें-बहनें

बेबसी के आँसू बहाती रहेंगी

और हम ओढ़े रहेंगे

वही नपुंसक खामोशी।

आज़ादी का अमृत महोत्सव मनाया हमने

धूमधाम से…

लहूलुहान घाटी की

अनंत पीड़ा… सन्त्रास का

मातम तो मना नहीं सके

आजतक।

कश्मीरी पंडित और अन्य, रह सकें निर्द्वन्द,

निर्भय, स्वच्छन्द, मान से, सम्मान से, शान से

खिल सकें… घाटी में फूल शान्ति से

क्या मना सकेंगे कभी

अमृत महोत्सव ऐसा

कश्मीर की वादियों में।

मेरा आफ़ताब ऐसा नहीं है

पूरा विश्वास और श्रद्धा थी उसे

मेरा आफ़ताब ऐसा नहीं है

इसीलिये माँ की ममता,

पिता का दुलार... और

भाई का प्यार.... एक पल में झटक कर

चली गई वह, उसके साथ

ज़िन्दगी के सुहाने सफ़र

पर... खुले आसमान में

ऊँची उड़ान के लिये

लेकिन... टिक नहीं पाया

न उसका विश्वास

न उसकी श्रद्धा

और न खुद श्रद्धा

उसके पंख नोचे जाने लगे

अरमान घुटने लगे

वह तिलस्मी प्यार

जिसकी ख़ातिर

उसने ठुकराया था अपना प्यारा संसार

वही बन गया था अब उसकी जान का दुश्मन....

कोमल सपने जलती सिगरेटों से

दागे जाने लगे

ताड़ना-प्रताड़ना

हर पल नर्क की यातना

मारना-पीटना…

भाग जाना चाहती थी

वह दूर… बहुत दूर

पर जा न सकी…

घोंट दिया गया उसका गला… उसके अरमानों के साथ

पैंतिस टुकड़े कर दिये गये

सर्द जिस्म के…

सजा दिये गये फ्रीज़र में

और फिर हर रोज

आधी रात के बाद

एक शैतान निकलता था

कन्धों पर जिस्म के टुकड़ों का थैला लटकाये

महरौली की गलियों से

घने जंगल की ओर

खूँख़ार जानवरों को

परोसने उन माँस के

लोथड़ों को…

बड़ी सफ़ाई… और शातिराना अन्दाज़ से

अन्जाम दिया उसने

इस खौफ़नाक कारनामे को

पर.. ख़ून सर चढ़ कर बोलता है

धर लिया गया आख़िर

पड़ गया पुलिस के हत्थे

क़ानून के हाथ लम्बे हैं

लेकिन न्यायिक प्रक्रिया

आसान नहीं…

श्रद्धा को कब इन्साफ़ मिलेगा… कौन जाने ?

हजारों-लाखों श्रद्धायें हैं देश-समाज में…

आफ़ताब पर मर मिटने के लिये

और अनगिनत आफ़ताब भी हैं

हलाक करने के लिये श्रद्धाओं को….

कब समझेंगी श्रद्धायें

तुम देश-समाज के

गौरव के लिये हो

हलाक होने के लिये नहीं।

आफ़ताब का रक्तपान करो

दुर्गा दुर्गति नाशिनी बनो

बेबस… लाचार श्रद्धा नहीं।

तलाश

हाँ, मैं तलाश में हूँ

एक ऐसी ख़ुर्दबीन की

जो मिनी... माइक्रो... नैनो... किसी भी साइज़ या अंश में,

उन्हें देख पाने में समर्थ हो...

उन्हे, जो ओझल हो गये हैं

और दूर-दूर तक दिखायी

नहीं देते...

आसमान साफ़ है...

ओज़ोन की नीली परत

दिखायी देती है

पर वो नहीं...

दिखायी देते हैं रुई के फाहे से

छितराये बादल....

काले और स्लेटी भी

पर वो नहीं।

टिमटिमाते तारे... दिखायी देते हैं... दूर-दूर तक...

रात में फिर घुप्प अंधेरा...

पर वो नहीं

हमारे आस-पास... चारो ओर...

कश्मीर से लेकर कन्या कुमारी तक

गली, गाँव, चौबारा, नहर की पुलिया से लेकर

शहर में राम प्रसाद की ठेलिया तक।

अम्मा की रसोई सूनी है
सूनी आँखो से
ढूँढ रही हैं अम्मा
हाँ-हाँ वही
जिन्हे कहते थे वो, आयेंगे
खुशियाँ लायेंगे
और इसी आस में
लाठी टेकते....
काँखते-कराहते
गईं थीं... और दबा आईं थीं
बटन ईवीएम का
और अम्मा ही क्यों
लाखों-करोड़ों के सपने
दब गये थे
इसी बटन के गुलाबी
ललचाऊ फूल के नीचे।
लालच बुरी बला
किसी ने ठीक ही कहा
तो अब भुगतो
टटोलते रहो अपनी जेब
गुल्लक-तिजोरी तो
पहले ही खाली
हो चुकी है
हमरे सैंयाँ तो खूबै कमात हैं... अच्छे दिन खाये जात हैं....
भउजी घुटी- घुटी आवाज़ से
रिरिया रही हैं
छज्जा मा लटकी

चुन्नू के बाबू के इन्तज़ार में
आयें…. कुछ लायें
तो…. उज्वला जले
पर कहाँ से जले
जी कचोट के रह जाता है
मन मसोस के रह जाता है
सब्सिडी गोल
पॉकेट में होल
उज्वला हो रही है
तेजस।

संवेदनहीनता

हमले लाल किले पर हों

या संसद पर या

हो जाये 26/11

या उड़ा दिये जायें हमारे जवान

नक्सली धमाकों से आये दिन

या सरे आम भून दिये जायें कश्मीरी पंडित घाटी में

या शहीद हो जायें हमारे जवान

अथवा जिबह कर दिये जायें बिहारी मजदूर

या कामगार रेहड़ी वाला आतंकियों की गन से

हम रहते हैं संवेदनाहीन

नहीं होती है कोई अनुभूति

नही खौलता है ख़ून

इसीलिये प्रहार करता है कोई भी... कहीं भी

हम बने रहते हैं

बयान वीर....

कायरतापूर्ण कृत्य की

हम निन्दा करते हैं

नहीं छोड़ेंगे उन्हें

पाताल से भी ढूँढ निकालेंगे

लेकिन थोड़े ही अन्तराल

के बाद फिर छा जाता है

मातम पूरे गांव... बस्ती में

बिलखने लगती हैं

माँयें... बहनें... बच्चे

नम हो जाती हैं आँखें

हर इन्सान की

जब आते हैं कन्धों पर लदे ताबूत...

और सुलगने लगती हैं चितायें

उठने लगती हैं आग और धुएँ की लपलपाती लपटें

'सेल्यूट' दे रही होती कोई बहादुर बच्ची

माथे पर नन्ही ऊँगलियाँ छुआये

धुँधली नज़रों से देखती

दहकती चिता में गुम होते

अपने पिता को।

पैगाम दहशतगर्दों के नाम

अरे कायरो !

तुम क्या समझते हो

तुम्हारे मारने से वो मर जायेंगे ?

एक ख़ंजर... गोलियों की बौछार या ग्रेनेड के धमाके

से वे खत्म हो जायेंगे ?

अरे बुज़दिलो !

तुम क्या समझते हो

वो सूरज नहीं देख सकेंगे कल

और तुम...! दहशतगर्दी के

दलदल में पाँव जमाते हुए

निरंकुश... कामयाब होते ही जाओगे

अपने ख़ूनी मक़सद में ?

अरे बुज़दिलो !

तुम सिर काट रहे हो

जिनके नाम पर

वो महान गुरू

अपने शीष कटा दिया करते थे

इन्सानियत की रक्षा के लिये

अरे स्याहपोशो !

अंधेरे तुम्हें निगल जायेंगे।

तुम्हारे ख़ूनी ख़ंजर

अन्तत: तुम्हारा ही

लहू पियेंगे…
और वो सुख़रू चेहरे
हजारों-हजार सूर्य की
रोशनी बन कर
दमकेंगे औ दहकेंगे…
आसमान के हर कोने पर
स्याह अंधेरों की
मौत का 'पैगाम'
बन कर।

मेरे बाबू जी

दिल भर आया...
आँखें नम हो आयीं...
मुझे अपने बाबू जी की याद भिगो गई.... अन्तस तक।
बाबू जी यानी हमारे पिता
जिन्हें हम बाबू जी कहते
बड़े कड़क... गुस्से वाले...
वो यहाँ.... तो हम वहाँ
वो इधर... तो हम उधर
आँख मिचौली वाला रिश्ता
पर मजाल है जो उन्होने कभी भी
किसी चीज की कमी महसूस होने दी
स्कूल... कालेज... बेरोज़गारी
हर कहीं ज़रूरतें
पूरी करते रहे हमारी
बहुत प्यार था आँखों में
पर होठ खामोश ही रहे
ख़ामोशी से चले गये....
बिना कोई एहसान जताये
नहीं हैं अब....
पर अब भी साथ हैं
पास हैं.... रहेंगे हमेशा
मेरे पास ही
बाबू जी हमारे।

तीखी और बेबाक कवितायें

चाँद का मुँह टेढा क्यूँ

ज़रा-ज़रा सी बात पर

झल्ला उठते हैं...

ताव खा जाते हैं भगत

और हर बात पर

एक ही दहाड़ लगाते हैं...

सात के आगे ज़ीरो... यानी सत्तर साल में हुआ क्या ?

उनके चरणों की धूल में बैठे... मामूली राम

पूछ बैठते हैं....

"चाँद का मुँह टेढा क्यूँ?"

"उन्होने सीधा क्यों नहीं किया.... सत्तर साल में?"

...गरज उठते हैं भगत।

"आसमान नीला क्यों ?"

फिर सवाल दाग देते हैं

मामूली राम।

"उन्होने पीला क्यों नहीं किया... सत्तर साल में ?"

तिरछी नज़रों से पूछते हैं

भगत।

"पृथ्वी गोल क्यों है ?"

मासूमियत से फिर पूछ बैठते हैं मामूली राम।

"थोड़ा... थोड़ा भी प्रयास

किया होता उन्होने

तो ये चपटी या चौकोर

भी हो सकती थी…
सत्तर सालों में।"
"भगत जी !
एक आख़री सवाल
और पूछ लूँ… अगर आप.. बुरा न माने तो ?" बोले मामूली राम
"हाँ-हाँ क्यों नहीं…
लोकतन्त्र के प्राणी हो,
आख़री पायदान पर हो,
आपके वोट के सोपान पर
चढ़ कर ही तो हम
सत्ता के सर्वोच्च
आसन पर पहुँचे हैं।"
"…तो.. तो इतना और बता दें सरकार, आप कहाँ थे..
और क्या कर रहे थे
इन सत्तर सालों में ?"
शर्माते-सकुचाते आख़िर
पूछ ही लिया मामूली राम ने।
"मैं.. मैं… सकपका गये भगत,…" मैं… मैं तो…
हिमालय की कन्दराओं में
नहीं थे भगत
और न ही किसी वनस्थली
या मरुस्थल में….
गर्भ में थे… गर्भ नाल से जुड़े
गर्भ जल में
अविकसित भ्रूण…
मामूली राम मुखर हो गये
और आप अभिमन्यु

तो थे नहीं... जो गर्भ में ही जान जाते
कि सात के आगे ज़ीरो यानी सत्तर साल में
कहाँ से कहाँ पहुँच गया
देश... और इब्नेबतूता या
ह्वेनसाँग भी तो नहीं थे आप... जो निकल पड़ते
पदयात्रा पर.... सब कुछ
जानने के लिये... लेकिन
ये उन सत्तर सालों की ही खूबी है
कि आप आज वहाँ हो जहाँ से ये सवाल
पूछने की जुरत कर सकते हो
क्या हुआ क्या नहीं ?
अच्छी तरह से जानते हैं
मामूली राम।

महाभोज

उल्लू बनाने का मौसम फिर उतर रहा है

हाँ, चुनाव का रंग

चढ़ रहा है

फिर जायेंगे मातादीन

चाँद पर... नये-नये

ख़्वाबों की पोटली लेकर,

गृहणियाँ सपने तलेंगी

जो दिखाये जायेंगे।

मामूली राम

फिर बनेंगे लल्लू

अच्छे दिन कभी न आयेंगे।

नफ़रत के बीज

फिर बोये जायेंगे

टोपी-तिलक लड़ाये जायेंगे।

चुनाव के तरकश में

नये-नये तीर

आजमाये जायेंगे।

अच्छे दिनों की बात

अब नहीं करेंगे वो

जानते हैं.....

फिर बहला न पायेंगे।

मँहगा पेट्रोल, मँहगी गैस के घड़ियाली आँसू, बहा कर

पा गये थे सत्ता और सिंहासन जो

मौन हैं अब

हर रोज दाम बढ़ाये जाते हैं।

लगे हैं जोड़-जुगत में,

नये नारों.. जुमलों.. फुलझड़ियों से

मामूली राम को रिझाने में....

वो आबादी बढ़ा रहे हैं और तुम

अटके हो अभी तक

हम दो हमारे दो में

वो निगल जायेंगे तुम्हें

और फहरा देंगे

परचम।

डरो... डरो.. डरो

और भर दो हमारी झोलियाँ एक बार फिर

वोटों से।

विरोधी लाल जो बँटे हैं

अलग-अलग खेमों में...

कुनबों में... कुलबुला रहे हैं

छटपटा रहे है... बिलबिला रहे हैं सत्ता पाने को

निकल पड़े हैं दड़बों से

एक दूसरे को टटोलने,

जोड़ने... तोड़ने सत्ता का तिलस्म...

खेला होबे... उत्तर से दक्षिण...

पूरब से पश्चिम।

जनता भी है तैय्यार

बहुत झेल चुकी

मँहगाई, बेरोज़गारी, सत्ता के अहंकार की मार

हिन्दू-मुस्लिम, मन्दिर-मस्जिद की तकरार

ई डी, सी बी आई, आई टी

की ज़हरीली फुँफकार

नंगे हैं हमाम में

वैसे तो सभी

सत्ता में हैं या विपक्ष में

चोर हैं सभी

पर पाक-साफ़ महा पवित्र हैं सत्तानशीन।

हो जाती हैं उनकी सम्पत्तियाँ पाँच साल में

पाँच से पचास गुनी

पर उनकी आमदनी है वैध

और बाकी की अवैध

होती रहे छापेमारी,

गिरफ़्तारी...करो बदनाम

अगर विपक्ष है नाम

पवित्र हो जायें...

दूध के धुले, समाहित हो सागर में

अन्यथा नियति है

डूबना गागर का

आसान फार्मुला है

सत्ता में बने रहने का

अब लोक नहीं

ठोंक तन्त्र का ज़माना है

बिछने लगी

राजनीति की शतरंज

फिर एक बार

मँडराने लगे गगन पर

जनता नुचने को लाचार
गिद्धों का है महाभोज
फिर जुटने लगे
लूट तन्त्र के
अलमबरदार।

देशसेवा

आख़िर मैं चला ही गया

इस पार्टी को छोड़…

उस पार्टी में।

बहुत दिनों से…

नहीं, कई महिनों से…

बल्कि कई सालों से

घुटन महसूस कर रहा था

दम घुट रहा था…

वो सत्ता की मलाई खा रहे हैं…. और हम?

कढ़ाई भी नहीं चाट पा रहे।

हाँ, ये ठीक है कि

मेरे पिता और पितामह

इसी पार्टी में थे…

गौरवशाली इतिहास है

इस पार्टी का

मान-सम्मान, पद-वैभव

क्या कुछ नहीं मिला उन्हें।

मुझे भी कुछ कम नहीं मिला… पर… कब तक

विपक्ष का लेबल

माथे पर चिपकाये रहूँ?

घिन आती है मुझे

इस शब्द से।

कभी हुआ करता था अर्थ

इस शब्द का भी.... और

सत्ताधारी भी नमन करते थे इसे...

थर्रा जाते थे, इसके सवालों से

लेकिन.... अब... अब तो

ढक्कन हो गया है विपक्ष...

एक मामूली सिपाही भी आँखें दिखा देता है....

और मौका पड़ने पर,

थानेदार दो डंडे पिछवाड़े

पर जमा कर

अन्दर कर देता है

ऐसे में काहे का विपक्ष ?

और भाड़ में गयी

विचारधारा...

विचारधारा कुर्सी नहीं

दिलाती आजकल।

कुर्सी चाहिये... तो बह लो

मुख्य धारा में... और...

जा मिलो समन्दर से

सुख ही सुख.... कट जायेंगे सारे पाप-शाप

धुल जायेंगे सभी कुकर्म

सामने होगी सत्ता की मलाई... तो मैं भी आ गया

इस पार्टी से उस पार्टी में

शर्म... शर्म कैसी ?

सत्ता में रहना है तो थोड़ा

बेशर्म तो बनना ही पड़ेगा

आ गया हूँ अपने घर

और अब करूँगा

देशसेवा.....

पुल

पुल नहीं बनते हैं अब

दो किनारों को जोड़ने के लिये

वे बनते हैं

दिलों को तोड़ने के लिये

मँझधार में डुबोने के लिये

पुल अब राजनीति का

अखाड़ा भी हैं

अगर मौका ए चुनाव हो

खुदा न ख़ास्ता

कोई पुल ढह गया हो

ऐन चुनाव के वक्त

और वो भी खटारा इंजन

वाले राज्य में तो

खिल-खिल उठती है

बगिया बाँछा राम की

"ये तो ईश्वरीय प्रकोप है

इसीलिये पुल ढ़ह गया

सरकार भी जाने वाली है"

आकाशवाणी होने लगती है फौरन...

डबल इंजन वाले ड्राइवर की...

अल्लाह-अल्लाह

खैर सल्ला... और जो कहीं

टपक गया कोई झूलता पुल, झूलती जनता समेत
बीच नदी की धार में
तो फौरन 'धर' लिये गये
कुछ मरियल बकरे
ज़िबह के लिये
और सात तालों में
बन्द हो जायेंगे असली
गुनहगार मन्त्री, सन्त्री, अफ़सर,
ठेकेदार, भ्रष्ट हत्यारे मासूमों, बेगुनाहों के।

मौसेरे भाई

कौन है सबसे बड़ा चोर

साबित करने के लिए

लगा रहे हैं ज़ोर

चीख रहे हैं... चिल्ला रहे हैं फाड़ रहे हैं गला

बता रहे हैं चोर एक दूसरे को

समझ गई है जनता

दोनों ही हैं चोर

बड़ा चोर कौन है

छोटा चोर कौन है

जानने की ज़रूरत ही क्या

चोर चोर है, बड़ा हो या छोटा....

हैं दोनों मौसेरे भाई।

देशद्रोही

मैं देशभक्त... तू देशद्रोही

हथियाना चाहता है

मेरी कुर्सी

जो मैंने पाई बड़ी मशक्कत से

पूरे 67 साल बाद

तरह-तरह के कार्ड खेल के

हिन्दू-मुस्लिम, मंदिर-मस्जिद, जय श्री राम,

काला धन, 15 लाख, ढाई करोड़ जॉब....

पहन लिया सत्ता का हार

जिसे भोग रहे थे

पांच पीढ़ियों से... और पाया था जिसे

विरासत में आज़ादी की लड़ाई लड़ के

छीन लिया एक झटके में

अहंकारी नेताओं के बिगड़े बोल और

घपले-घोटालों के मौसम में

भाई-बहन कितनी ही मासूमियत से

अब गले मिलें धूलधूसरित जनता से

खेल दिए नए कार्ड

पुलवामा-बालासोर

जो मेरे खिलाफ़... वो सेना के खिलाफ़

...देश के खिलाफ़... देशद्रोही.. चले जाओ

पाकिस्तान।

नहीं सौंपने वाला सत्ता आसानी से
भोगूँगा... 50 वसंत।
...लेकिन मेरा भारत महान
जनता ख़ामोशी से कर देती है खेल
अच्छे-अच्छों को कर देती है फेल
धूल में मिल जाते हैं ताज
और नया सूरज
उग ही आता है।

नोटबन्दी

सिसक रही है
नोट-बंदी
अपने जन्मदाता की
बेरुख़ी….. बेवफ़ाई से…
नोटबंदी…. जिसे बताया गया था
हक़ीम लुकमान का नुस्ख़ा, बड़ी-बड़ी बीमारियों का इलाज
कालाधन, आतंकवाद…
नकली नोटों का कारोबार..
अर्थव्यवस्था का उद्धार
जिसके लिए अनंत कष्ट सहे
जनता ने… और प्राण भी गँवाये
बदनामी भी हुई नोटबंदी की
अब चुनाव के समय
जब आया शाबाशी पाने का वख़्त
वोट बटोरने का मौका
तो भूल गए जन्मदाता
नोटबंदी को ही
और अलापने लगे दूसरे राग
धारा 370… राम मंदिर… अगड़ा-पिछड़ा…
दीदी… बबुआ… बुआ… देशभक्ति… सेना…
शौर्य… 70 साल
सांप-छछूंदर जैसी हो गई
नोट-बंदी…
न उगलते बने…. न निगलते बने।

कचरा, कंचन और लोकतंत्र की नैया

उनका कचरा, हमारा कंचन… और कचरा अगर हो

प्रमुख विपक्षी दल का

तो वह है कंचन से भी ज़्यादा क़ीमती, बहुमूल्य

प्रत्यक्ष कोहिनूर।

बलात्कारी, भ्रष्टाचारी, गुंडा, माफ़िया… कुछ भी हो

पर हो विपक्षी

हमारे लिये तो कचरे से कंचन।

पूर्व विधायक, साँसद, मंत्री और चाहे हो संत्री…

हमारे लिये तो सोने में सुहागा, भाग्य हमारा जागा।

कचरा अगर हो उनका

सगा-सम्बन्धी,

भाई, बहू, साढ़ू, दामाद

पूत-कपूत, औतेला या सौतेला… फिर तो पाँचो घी में और सिर….

यही तो माया है

लोकतंत्र की

सत्ता पक्ष हो या विपक्ष

इसी में भरमाया है।

जनता है कनफ्यूज़

खोपड़िया का बल्व फ्यूज़

सभी तो बता रहे हैं

स्वयं को सही

जनता के हितकारी, सदाचारी, पीड़ाहारी

और दूसरे को माफ़िया, गुन्डा, भ्रष्टाचारी।
सबके सपने में आये
मुरली मनोहर… माखनचोर
और दे गये मंत्र जीत का, कूटनीति का, रणनीति का,
सत्ता हथियाने का, लोकतंत्र अपहरणियाने का।
हमारे सपनों में
कब आयेंगे
मुरली बजइय्या ?
…और क्या कभी बतायेंगे,
कैसे बचेगी लोकतंत्र की नैया ?
गहन सोच में हैं…
मामूली राम।

सिक्स्टी प्लस

अरे बन्धू! क्या ग़ज़ब कर रहे हैं?

क्यों गाली दे रहे हैं?

सिक्सटी प्लस

सिक्सटी प्लस कह कर

क्यों शूल चुभो रहे हैं?

यूँ गाली न दें श्रीमन...

ज़रा नेताओं-राज नेताओं की ओर भी देखें...

सिक्सटी.. सेविन्टी क्या?

एट्टी के पार हो रहे हैं

देश को डुबो रहे हैं...

कुर्सी ढ़ो रहे हैं

सीना चौड़ा कर... तर माल खा रहे हैं, फीता-रिबन काट रहे हैं

कोरोना... लाक डाउन... से

लुटी-पिटी...

जनता को उलझाने वाले...

जेबों मे सेंध लगाने वाले नये-नये कानून

ला रहे हैं

कुछ न कहो...

कुछ भी ना कहो

धमका रहे हैं।

बैंक चूना लगा रहे हैं

पेट्रोल-डीज़ल आसमान पर जा रहे हैं

गाँव में रग्घू का चक्का बन्द और शहर में

रोज़गार ठप्प
देश की परधानी...
प्रदेशों की गवर्नरी
विदेशों की एम्बेसडरी
सभी कुछ तो हथिया ली
महीनों से बैठाये हैं
देश के अन्नदाता को सड़कों पर
नौजवानो के पास चप्पलें भी
नहीं रहीं घिसने को
कलाकार मक्खियाँ
तक नहीं उड़ा पा रहे
और आप आम आदमी की
सिक्सटी प्लसी का उपहास उड़ा रहे हैं...
हँस रहे उसकी बेबसी पर
लेकिन.. इतना भी बेचारा
न समझें उसे...
उसके जी में भी आता है
दो-दो हाथ कर लें
लड़ा लें पंजा.. दे दें पटकनी
चढ़ जायें एक बार फिर
एवरेस्ट पर
लगा लें दौड़ 1100 मीटर की।
मैं हूँ एक आदमी
सिक्सटी प्लस नहीं
सेविन्टी प्लस हूँ...
पर हौसले
आसमान पर है

क्या हैं हम अन्धे युग में ?

उन्होने अपने कान बन्द कर लिये हैं

आँखें भी... और मुँह भी

न सुनेंगे, न देखेंगे और.... न बोलेंगे

वे बापू के बन्दर हो गये हैं।

महिला पहलवान

चीख़ती रहें, चिल्लाती रहें

जन्तर-मन्तर में धरने पे धरना देती रहें

रोती रहें, बिलखती रहें

यौन शोषण किया गया है उनका,उनके ही सरपरस्त द्वारा ...

पर वह, न सुनेंगे न देखेंगे

न बोलेंगे... मौन रहेंगे...

जड़ रहेंगे, पत्थर के बन

सजे रहेंगे बापू के बंदर।

सरपरस्त बलात्कारी पहलवान चौड़ियाये घूम रहे हैं, मूछों पर ताव पे ताव दिये जा रहे हैं

बेबसी पर उनकी

मुस्करा रहे हैं

बडी औलम्पिक के मैडल पर इतराती थीं

उखाड़ लें जो उखाड़ते बने

वे हैं सत्ताधारी, सत्ता के सवार

सैंया हैं कोतवाल

तो डर काहे का

पुलिस तम्बू उखाड़ रही है
धरना तहस-नहस, मारा-मारी कर रही है
अन्दर कर रही है
वे खेल के मैदान छोड़
पुलिसिया हधकंडों से
जूझ रही हैं
सरपरस्त शिलाजीत में मगन हैं
पूरा देश हैरान है
फिर भी जय श्री राम है
लोकतन्त्र के नये भव्य मन्दिर में सज गया
सत्ता का प्रतीक, न्याय का प्रतीक "सैंगोल"
पूरे विधि-विधान से
न्याय कब मिलेगा
इन अबलाओं को
जो देश का मान-सम्मान
गौरव बढ़ाती हैं
पदक जीत कर लाती हैं
ओलिंपिक से
कब तक मौन रहेगी
गूँगी, बहरी सत्ता
क्या फिर हैं हम
अन्धेयुग में ?

अद्भुत कवितायें

हेईsss गाइज़ !

हेई ss गाइज़ ! कम आन-लिसेन द ट्रुथ
डोन्ट बी शाई।
वी आर फूल्स
द वर्ल्ड इज़ वाइज़

वह कैसे ?
सब कुछ तो है अपने पास
क्या नहीं है ?

हाँ यार। सब कुछ तो है
फिर भी कुछ नहीं
पापा हैं, मम्मी हैं
मोटर है, बंगला है
ओ टी टी है, एल ई डी है
इन्टरनेट चैटिंग है
फिर भी कुछ नहीं

वह कैसे ?
इतनी सारी चीजें आस-पास
फिर क्या नहीं है ?
डोन्ट बी रबिश
गाइज़।
टाइम किसके पास है ?
डैड के पास या मॉम के पास
किटी पार्टी, मार्केटिंग, हाउजी,

संग ब्लडी ब्याय फ्रेन्ड
आफिस, क्लब, बिजनेस, मीटिंग
टुअर विद ए लेडी पी०एस०फ्रेन्ड
डू यू अन्डरस्टैन्ड
सब कुछ है
फिर भी कुछ नहीं

यस यू आर राइट
स्टिल वी हैव लाट आफ थ्रिल
सो डोन्ट से
कुछ भी नहीं है।
ओह शिट!
कैसे समझाऊँ?
कब तक ये एल ई डी ये चैटिंग
और ब्लडी गर्ल फ्रेन्ड
मीनिंग लेस ड्राइव, कैफ़े-नाइट क्लब
बदबूदार डिओडरेंट
सब कुछ है गाइज़, सब कुछ है
फिर भी कुछ नही
हेई SS फ्रेन्ड्स
हैव यू सीन द स्ट्रीट डॉग
कुत्ता गली का कुत्ता
एन्ड इट्स बिच
कुतिया
सरे आम खुले आम
प्यार करे है
एक नहीं दो नहीं
चार करे है
और फिर नन्हे नन्हें गबरू

छिनाल करे है,
मगर क्या मजाल है
जो उसके पिल्लों को
कोई कुत्ता नज़र उठाकर
देख ले ?
भूखी प्यासी रह कर भी
नुचवाती रहती है।
अपने सूखे स्तनों की घुन्दियाँ
और इतना सब कुछ दे जाती है
अपने पिल्लों को
कि वह अपना रास्ता
अपना संसार, अपना प्यार ढूँढ ही लेते हैं
और एक हम हैं
क्यों हुए, कैसे हुए, किसके लिए
आ टपके इस दुनिया में ?

न बाप को है मालूम
न माँ को है मालूम
तो कौन बूझेगा इस दुनिया में ?
आया ? सारा दूध खुद पी गया
'क्रेच' खूब पैसा बटोरा
लेकिन बच्चा लोगों को अफीम चटाया
डे बोर्डिंग स्कूल, हेड डाउन,
नो कम्पलेन्ट
टीचर ब्लडी रास्कल
कालेज में टाइम पास करता
बाहर कोचिंग चलाता
धन्धेबाज, इम्मारल, रेपिस्ट
फिर कौन बचा ?

नेता लीडर

क्या बोलता मेरे बाप!

कुछ बोलने को है क्या?

सो गाइज़! क्या है अपुन के वास्ते?

फूलों में ख़ुशबू नहीं

हवा में आक्सीजन नहीं

हिल में आइस नहीं

सी में वेब्स (लहरें) नहीं

दिल में मोहब्बत नही

तो फिर जीना ss किसलिए!

किसके लिए क्यूँ जियें?

क्यूँ न पियें? सब भुला दें

ग़म... धुँए में... ड्रग्स में...

और जाम में...

जो अपना है, सब कुछ अपना है

फिर भी कुछ नहीं

तो लेके उड़ो कार

छीन लो चेन

गर्दन अपनी है।

अपनी है... अपनी है... अपनी है

हेई SS गाइज़ अपनी है।

- नाटक - 'दिमाग का फोड़ा'

- निर्देशक - रॉबिन दास

ज़िन्दगी... एक वेटर की

हे ss ई इधर-उधर क्या देखता है ?
फटाफट ऑर्डर ले
और आगे बढ़

यहाँ-वहाँ घूरो नहीं काम करो काम
वेटर की ज़िन्दगी में कहाँ है आराम
झूठी स्माइल फेंको तन के सलाम ठोंको
ग्राहक जो खुश हुआ तो मिल गया दाम

अरे चचा क्या बोलता
ज़रा देखो तो चारो तरफ़
क्या नज़ारा है
बिना देखे रहा नहीं जाता

हुस्न है, शबाब है, होठों पे जाम है
टकले के पास देखो कैसा इंतज़ाम है
ये खुशबू प्यारी-प्यारी इधर से जो गुजरी
चिकनी बाहों में जैसे इसके सारा जहाँन है

अबे गधे
जूते खायेगा क्या ?
भूल गया अपनी जात
अपनी औकात ?

वेटर की शान है ये बात न भूलो

हूर हो, हसीना हो, हाथ न छूलो

अपने ही दम पे ज़िन्दा, होटल कारोबार

वेटर की जात पे इल्ज़ाम न ले लो

अरे बुढ़ऊ!

डोन्ट बी इमोशनल, बी प्रेक्टिकल

हम वेटर भी इसी धरती के हैं

कोई आसमान से नहीं उतरे।

ये कतिलाना चाल, दिल पे छूरियाँ चलें

रसगुल्ले जैसे गाल पे गुलाल हम मलें

हैं हसरतें जवान दिल बेईमान है

वेटर की शान इनपे कुर्बान कर चले

अरे गधे!

शरम खा, शरम

खुद मरेगा

और हमे भी मरवायेगा।

हर रोज लाता है ये, जवान लड़कियाँ

बेटी की उम्र जैसी, ये मग़रूर लड़कियाँ

पेंदे पे इसके देखो तन्दूर है खुला

बीवी से रोज खाता है, बिस्तर पे झिडकियाँ।

अरे तू काजी है या मुल्ला?

दुनिया जाये चूल्हे भाड़ में

तुझे क्या?

महीने भर खीसें निपोरता है

तब मिलती है तनख़्वाह

वह भी पूरे दस दिन लेट

और टिप से तो बस बच्चों की नाक पूँछती है

क्या कहूँ कुछ कहा नहीं जाता

बिन कहे भी रहा नहीं जाता

खाते-पीते बहकते कदम ये

जीवन का उफ़ान, सहा नहीं जाता

हाय ये किस्मत कैसी है अपनी

वेटर हे वेटर! तेरी जात पे फटकार

ऊँचे-ऊँचे ख़्वाब करे, काहे बेकरार ?

पब्लिक में खुशियाँ बाँटें, खुद पे है फटकार

मालिक जो नाराज़ हुये तो हो गये बेकार।

- नाटक - 'दिमाग का फोड़ा'
- निर्देशक - रॉबिन दास

क्या कहते हो जॉनी !

सुनो सुनो जॉनी !

कैसी नादानी ?

अपना ग़म सब कुछ है

बाकी बेमानी

यहाँ-वहाँ देखो

थोड़ा सा झाँको

चारों तरफ बिखरी

कितनी कहानियाँ

वो भूखे बच्चे, नंगे बदन

और ये अपाहिज जिनका

घायल है तन-मन

वो नौकरानी जो पोंछा लगाती

पेट की ख़ातिर

खो देती है बचपन

सुनो सुनो जॉनी !

है न हैरानी ?

वो टूटी- फूटी झुग्गी-झोपड़ियाँ

भूख, ग़रीबी, और लाचारी

जिसमें है कटती

ये ज़िन्दगानी

होठों पे सूखी-सूखी कैसी पपड़ियाँ

बाबुल का छोड़ घर बैठी बाज़ार में

बिकती है रोज जहाँ

उसकी जवानी

कहाँ है पानी... आँखो का पानी

और वो देखो, रिश्तों के मारे

ज़िन्दगी से टूटे, अपनों से हारे

कहें तो किससे कहें,

अपनी कहानी ?

कोई मिलेगा युद्ध का मारा

किसी को धर्म ने मारा

विधवा हो गई

भरी जवानी।

बोलो हनी ! क्या कहते हो जॉनी ?

गाँव-शहर के हर कोने में

पाँव पसारे दु:ख बैठा है

अन्दर-बाहर घर आँगन में

तनहाई का दर्द छुपा है

दोस्तो ! फिर क्यूँ परेशान हो ?

क्यों ख़फ़ा हो

ज़िन्दगी से ?

मक़्सद हो ज़िन्दगी का कोई

तो फिर

ज़िन्दगी

इतनी बुरी भी नहीं

इसलिए हे... गाइज़ !

अगली पीढ़ी के संवाहक

अपने चारो तरफ

देखो

और सोचो
कैसे बने ये दुनिया
जीने लायक ?
अन्त हो,
सूर्यास्त के साथ
दुखों का
और सूर्योदय के साथ
उदय हो
आशाओं का
नया सूरज
आषाढ़ की पहली वर्षा
लगे कविता जैसी
और जहाँ बच्चे
बच्चे ही रहें।
युवाओं के
कदम न बहकें
वृद्धों का
न हो अनादर
जहाँ चिडियाँ
चहचहाती रहें
मँडराती रहें
फूलों पर मधुमक्खियाँ
आमीन ! आमीन !

- नाटक - 'दिमाग का फोड़ा'
- निर्देशक - रॉबिन दास

रंगमंचीय कवितायें

सूत्रधार

प्रिय दर्शकगण !
इस नाटक का सूत्रधार मैं
मेरा अभिवादन स्वीकारो।
जीवन स्वयं जटिल नाटक है
फिर मेरे इस
लघु नाटक का
क्या मोल ?
यद्यपि,
जीवन की विविध समस्याओं के प्रति
रहते हैं जो मौन,
दिशाहीनता के
अदृश्य कोहरे में
डूबे हैं वो कौन ?
अन्तरिक्ष का शून्य जम गया
उनके मस्तिष्क में
अथवा
जकड़ लिया है
नये विचारों के चुम्बक ने
लक्ष्यहीन…
पथविहीन
बेमानी ये नूतन पीढ़ी
भेड़ों का है, बड़ा झुन्ड

जिसे हाँक रहा है
मनचाही दिशा में
आधुनिकता का
मनमोहक चरवाहा।
कौन जाने
कब गिर जायें ये नदी किनारे के पेड़...
क्योंकि
जीवन के प्रति
लक्ष्य के प्रति
कर्तव्य के प्रति
अनिश्चित हैं।

- नाटक - 'अंधेरे के राही'

धुआँ

ये दुनिया है धुआँ
खोदो इसमें
एक कुआँ
धुआँ-कुआँ,
कुँआँ-धुआँ
धुएं को पी जाओ
हिप्पी गीत गाओ!
नदी किनारे
सैन्ड पर
ज़िन्दगी के
लैन्ड पर
बैम्बूघर बनाओ
हिप्पी गीत गाओ।
प्रेमिका एक
साथ लो
पेन्ट-शर्ट
उत्तार दो
स्टोन एज लाओ
हिप्पी वर्ल्ड बनाओ।

- नाटक - 'अंधेरे के राही'

नवयुग के नये प्रणेता

नवयुग के नये प्रणेता

चक्रवात के केन्द्र बने हम

क्या सोचें, क्या नोचें, क्या बोयें, क्या काटें

लोग हमे अटका कहते हैं

लोग हमे भटका कहते हैं

कहते हैं कि हम हैं नकारा

घूम रहे हैं यूँ बेकार

किसको कैसे समझायें हम

भोग रहे हैं जीवन सार

कॉलेज में रोती कक्षायें

कक्षाओं में सोते अध्यापक-अध्यापिकायें

निद्रानिमग्न हैं पुस्तक-पुस्तिकाएं

फिर हम ही क्यों जागें ?

घर का काम नहीं करना है

ऑफ़िस में हरामख़ोरी करना है

खेतों में ले ज़हमत कौन

कौन थकाये हाथों को

कौन पकाये माथे को

किसका दर्द जिगर में लें हम

ख़ुद पीड़ित हैं अपने ग़म से।

क्यों सोचें, क्यों नोंचे,

क्यों बोयें, क्यों काटें ?

करने लायक काम नहीं कुछ
फिर क्यों न हड़ताल करें हम ?
अव्यवस्था का लाड़ करें हम।

- नाटक - 'अंधेरे के राही'

जीवन नाटक - नाटक जीवन

जीवन कितना छोटा है

नाटक कितना झूठा है

नाटक-नाटक

जीवन-जीवन

जीवन-नाटक

नाटक-जीवन

छोर क्षितिज के

दो हैं,

मिलते भी हैं

या भ्रम है?

अंधकार में खोज रहे

जो प्रकाश की किरणों को

अथवा प्रकाश में नयन मूँद

जो समझ रहे हैं

अंधाकूप।

ये सच है, या वो सच है

क्या सच है, क्या झूठ?

जीवन मुझसे रूठा है।

या मैं जीवन से रूठा हूँ

जीवन कितना छोटा है

नाटक कितना झूठा है।

क्या छोटा है,

क्या झूठा है,
क्या सच है, क्या सपना
मौन रहें या सोचें इसमें
क्या कोई है अर्थ ?

- नाटक - 'अंधेरे के राही'

क्या कोई लौ है अब भी ?

क्या कोई लौ है अब भी

जो क्षीण किरण दे आशा की ?

आज़ादी को डसा नाग ने

न्याय तन्त्र फंस गया

नाग के ज़हरीले चंगुल में

फिर भी कब तक

मौन रहोगे

सहते जाओगे

तुम कब तक ?

या फिर

लहू नहीं बहता है,

बहता नाली का गन्दा जल

दूषित जो हो गया,

ज़ुल्म और अत्याचारों को

सहते-सहते

जिसमें आता नहीं उबाल

और न होती

कोई हलचल

इसीलिये जूँ नहीं रेंगती

और निरर्थक हो जाते हैं

शब्द सभी...

अर्थो समेत

बोलो…
बोलो क्यों चुप हो
क्या है कोई लौ अब भी
जो क्षीण किरण दें आशा की ?

- नाटक - 'नागपाश'

खाई

राजा और प्रजा के बीच,
जब तक खुदी रहेगी खाई,
चिथड़ों से भी तन न ढकेंगे,
नंगे, भूखे, भिखमंगों से,
गली, शहर, फुटपाथ पटेंगे,
जनता रोटी को तरसेगी।
बढ़ती जायेगी मँहगाई,
अधिकारीगण जेब भरेंगे
होगी नहीं कोई सुनवाई
नेतागण चट कर जायेंगे,
दीमक और घुन बन जायेंगे,
लोकतन्त्र का गला घोंट कर
तानाशाही ले आयेंगे।
राजा और प्रजा के बीच,
जब तक खुदी रहेगी खाई...

- नाटक - 'नागपाश'

संकट

अन्दर संकट

बाहर संकट

ऊपर संकट

नीचे संकट

दायें संकट

बायें संकट

संकट, संकट, संकट के जब

बादल ही घिर आये हों

और घुमड़ कर जाने कब

बिजली ही बरपा दें तो

ऐसे में क्या नहीं उचित यह

अगर बचाना है सत्ता को

होठ सिलें जायें सूजों से

जकड़ लौह जंजीरों में

ठूंस दिया जाये विरोध को

अन्धे घुप्प अंधेरों में।

- नाटक - 'नागपाश'

क्रान्ति

यह कुर्बानी देनी होगी
हाथ उन्हें रंगने दो
आज नहीं तो......
कल लौटेगा
यदि ये है असली बेटा
काली हो,
या नीली-पीली
क्रान्ति नहीं ऐसे आयेगी
पहली हो या दूजी-तीजी
आज़ादी सब झूठी होगी
सड़ी-खोखली,
गली व्यवस्था,
जब तक नहीं बदलती
ये लंगड़ाती
बूढ़ी सत्ता
नये ख़ून की
नयी व्यवस्था
तब तक नहीं बनेगी
जब तक नया ख़ून
अपने हाथों से
खींच नहीं देता
कुछ सुर्ख़ लकीरें उन पृष्ठों पर
इतिहास जिसे कहते हैं।

- नाटक - 'आज नहीं तो कल'

जनता खुद तलवार बनेगी

शासन बदला

सत्ता बदली

सरकार नयी एक बनी

और बिगड़ी कोई

लेकिन यह भी सच है

उनसे कुछ कल्याण

हुआ न जनता का...जो अब तक बैठे थे गद्दी पर

और इनसे भी क्या होगा कुछ

जो अब बैठे हैं आकर ?

न उनसे

न इनसे

और न ही उनसे

जो आगे आस लगाये हैं

फिर...

कौन सुनेगा जनता की ?

कब तक करें प्रतीक्षा जनता

क्या होगा

अवतार कोई ?

न होगा भवतार कोई

न करनी होगी कोई प्रतीक्षा

जब खोलेगी आँखे अपनी

शक्ति अपनी

पहचानेगी
और कमर कस
डट जायेगी
अन्यायी सत्ता के आगे
जनता खुद अवतार बनेगी
जनता खुद तलवार बनेगी
अपना शासन...
आप करेगी!

- नाटक - 'नागपाश'

सोने की चिड़िया

सोने की चिड़िया है भारत,
क़िस्सा ये मशहूर था
सारी दुनिया के माथे पर,
जैसे ये सिन्दूर था
गरम मसाला, रेशम कपड़ा
यहाँ का ख़ूब मशहूर था।
सोने-चाँदी, हीरे-मोती
से भैय्या भरपूर था।
सोने की चिड़िया है भारत
क़िस्सा ये मशहूर था...
दूर-दूर तक फैली शोहरत
जैसे गर्म तन्दूर था
सात समन्दर पार मगर,
भारत खट्टा अंगूर था।
सोने की चिड़िया है भारत
क़िस्सा ये मशहूर था...

- नाटक - 'अलख आज़ादी की'

नाविक समन्दर के

झूमते मचलते सागरों के,
बेताज बादशाह हैं हम।
मेरी जान हम दिलबरों से,
लो एक जाम और पियो तुम।
आसमाँ को छूती लहरों पे,
बुलन्दियों को चूमते हैं हम।
जान की बाजियाँ लगाते हुए,
सागरों का सीना चीरते हैं हम
गाते-गुनगुनाते सागरों के
बेताज बादशाह है हम
मेरी जान हम दिलबरों से,
लो एक जाम और पियो तुम...
लो एक जाम और पियो तुम

- नाटक - 'अलख आज़ादी की'

स्थापना : ईस्ट इंडिया कम्पनी
(31 दिसम्बर 1600 ईसवी)

हिन्दुस्तान हमारा होगा
वह दिन दूर नहीं,
दौलत का बँटवारा होगा
वह दिन दूर नहीं।
टाँग पसारे हम सोयेंगे
फिर सोने की सेज पर
सोना-चाँदी, हीरा-मोती,
होगा अपनी जेब में
बच्चा बच्चा दास बनेगा
दासी नारी होगी
लूट-मार का खेल करेंगे
मौज हमारी होगी…
भोगेंगे हम उसकी दौलत
वह दिन दूर नहीं।
दौलत का बँटवारा होगा
वह दिन दूर नहीं।
हिन्दुस्तान हमारा होगा
वह दिन दूर नहीं।

- नाटक - 'अलख आज़ादी की'

ब्यापार करने आये थे वो राज पा गये

ब्यापार करने आये थे वो राज पा गये,
हिन्दोस्ताँ का तख़्त और ताज पागये।
सौदागरों के भेष में जो भेड़िए घुसे,
फिर देखते ही देखते सब कुछ हड़प गए।
आपस की फूट ने हमें बर्बाद कर दिया,
ग़फ़लत ने हमारी हमें बेआब कर दिया।
पाँवों में पड़ीं बेड़ियाँ गुलाम हम हुए,
गोरों की हुकूमत के मोहताज हम हुए।

गद्दारों ने लिखा अजी इतिहास एक नया,
चाँदी के चंद टुकड़ों पे ये मुल्क बिक गया।
जयचंद, मीरजाफ़रों से देश है भरा,
आस्तीन के इन साँपों को पहचान लो ज़रा।
बंगाल क्यों गया अरे, पंजाब क्यों गया ?
दक्खिन में मराठों का बुरा हाल क्यों हुआ ?
दिल्ली के शाह आलम को वो कौन डस गया ?
टीपू की जो तलवार थी, वो कौन ले गया
गोरों की साजिशें हैं अब गद्दारों का करम,
फिर मुल्क का क्या होगा, अब काहे का है भरम ?
ब्यापार करने आये थे वो राज पा गये,
हिन्दोस्ताँ का तख़्त और ताज पा गये।

- नाटक - 'अलख आज़ादी की'

अलख आज़ादी की (1857)

आज़ादी की अलख जगी थी
अठारह सौ सत्तावन में,
गाँव-गाँव रोटी पहुँची थी
अठारह सौ सत्तावन में।

     सुलग रही थी जो चिनगारी
     अंग्रेजो की मनमानी से,
     राजे और नवाब कि जिनके
     राज छिने थे बेइमानी से...

भड़क उठी थी आग उसी से
अठारह सौ सत्तावन में
गाँव-गाँव रोटी पहुँची थी
अठारह सौ सत्तावन में। आज़ादी की ...

     भेद-भाव देसी सेना संग
     कारतूस चर्बी वाले...
     धर्म भ्रष्ट कर रहे फिरंगी
     यह डर मन में था पाले...

आहुति में घी यही पड़ा था
अठारह सौ सत्तावन में
गाँव-गाँव रोटी पहुँची थी,
अठारह सौ सत्तावन में। आज़ादी की.....

     पहली गोली बैरकपुर में
     मंगल पाँडे ने दागी थी

मार गिराया अंग्रेजों को
फांसी उसने पायी थी…

सेना का विद्रोह हुआ था
अठारह सौ सत्तावन में
गाँव-गाँव रोटी पहुँची थी
अठारह सौ सत्तावन में। आज़ादी की….

नाना साहब, तात्याँ टोपे
और रानी लक्ष्मी बाई,
बेगम हजरत महल, कुँवर सिंह
सबने एक क़सम खाई…

गोरों को है मार भगाना
अठारह सौ सत्तावन में
गाँव-गाँव रोटी पहुँची थी
अठारह सौ सत्तावन में। आज़ादी की…..

बहादुर शाह ज़फ़र ने भी
दिल्ली में की थी अगुवाई
अंग्रेजों से जूझ पड़े थे
हिन्दू-मुस्लिम सब भाई….

शहज़ादों का क़त्ल हुआ था
अठारह सौ सत्तावन में
गाँव-गाँव रोटी पहुँची थी
अठारह सौ सत्तावन में। आज़ादी की …

मगर क्रांति की लपटें अब भी
दूर बहुत थीं आज़ादी से,
साथ दे रहे थे गोरों का
पिट्ठू राजे बेशर्मी से….

आज़ादी फिर सपना हो गई
अठारह सौ सत्तावन में,
गाँव-गाँव रोटी पहुँची थी
अठारह सौ सत्तावन में। आज़ादी की...

     मुग़ल आख़री क़ैद हुआ
     रंगून में ख़ाके वतन से दूर,
     गद्दारी की भेंट चढ़ गया
     तात्याँ टोपे वीर-शूर...

अमर हो गई झाँसी रानी
अठारह सौ सत्तावन में
गाँव-गाँव रोटी पहुँची थी
अठारह सौ सत्तावन में। आज़ादी की...

- नाटक - 'अलख आज़ादी की'

दोहरी गुलामी : अंग्रेजी राज में

एक गुलामी गोरों की

एक गुलामी अपनों की

एक गुलामी घर-बाहर की

एक गुलामी अपनों की

    ये है हिन्दुस्तान

    अपना देश महान।

जाति-पाँत और छुआ-छूत में

हम जकड़े हैं सदियों से

ब्राह्मण, ठाकुर, वैश्य, शूद्र के

लफड़ों में हैं सदियों से

    ये है हिन्दुस्तान

    अपना देश महान।

ठाकुर का ये मन्दिर है

ब्राह्मण उसका रखवाला

ठाकुर का ये कुँआ है

ख़बरदार जो मुँह डाला

    ये है हिन्दुस्तान

    अपना देश महान।

हम अमीर हैं तुम ग़रीब हो

इसीलिये बेगार भरो

सिर पर मैला ढोते जाओ

भाग्य लिखा स्वीकार करो

ये है हिन्दुस्तान
अपना देश महान।
भाई का भाई दुश्मन है
आपस में है फूट पड़ी
गद्दारों की करतूतों से
आज गुलामी गले पड़ी
ये है हिन्दुस्तान
अपना देश महान।

- नाटक - 'अलख आज़ादी की'

नर संहार : जलियाँवाला बाग

मानवता गुम-सुम हुई
इतिहास है सन्न...
निहत्थों की भीड़ और
गोली दन-दन-दन ...
एक और पन्ना जुड़ा
काला कालिख दार
जलियाँ वाले बाग का
ख़ूनी नर-संहार।

- नाटक - 'अलख आज़ादी की'

ख्वाहिश

हँसते-हँसते चूम लेंगे,
फाँसी के फन्दों को हम
देश में आज़ाद हो,
ख्वाहिश रहेगी मरते दम।
अब ये मिट्टी, ये हवा,
और ये प्यारा वतन,
है तुम्हारे ही हवाले…
स्वर्ग से न्यारा वतन!
सौ जनम कुर्बान हों
ख्वाहिश रहेगी मरते दम।
देश ये आज़ाद हो,
ख्वाहिश रहेगी मरते दम
लहरों पे तूफ़ान सा
धरती पे चट्टान सा
पर्वतों की चोटियों पर
चाँदी सा दप-दप वतन।
ये वतन आज़ाद हो,
ख्वाहिश रहेगी मरते दम
देश ये आज़ाद हो
ख्वाहिश रहेगी मरते दम।
बदनुमा धब्बा गुलामी,
का मिटाना है हमें…

छीन कर के ज़ालिमो से
राज लाना है हमें।
यें अंधेरे दूर हो
ख्वाहिश रहेगी मरते दम ...
देश ये आज़ाद हो
ख्वाहिश रहेगी मरते दम!

- नाटक - 'अलख आज़ादी की'

क़ीमत आज़ादी की

आज़ादी की क़ीमत हमने,
कितनी बड़ी चुकाई है।
देश के दो टुकड़े हुए,
लाखों ने जान गंवाई है।
आज़ादी का मान भी रखना,
     प्यारे देश के वासियो!
     उनकी शहादत भूल न जाना,
     भारत के निवासियो
     काले पन्ने फिर जुड़ न सकें
इतिहास हमेशा रखना याद,
क्यूँ पाँव पड़ी थीं बेड़ियाँ ?
यह बात हमेशा रखना याद।

- नाटक - 'अलख आज़ादी की'

क्या हूँ मैं?

घुटन क्यों है हवा में

घुल रही चीज क्या है।

पीढ़ी ये रूठी क्यों है

ज़हर किस बीज का है।

बहुत गुस्सा है मन में

शिकायत भी बहुत है

समझते क्यों नहीं मुझको

ये उलझन भी बहुत है

खिलौना काठ का हूँ क्या

इशारों पे जो नाचेगा... घुटन क्यों...

कभी कहते हैं बच्ची हो

कभी कहते बड़ी हो तुम

न जाने कब मैं क्या होती

सोच कर हो जाती गुम-सुम

बुलबुला पानी का हूँ क्या

छुओ तो फूट जायेगा... घुटन क्यों...

- टेलीफिल्म – 'आज़ाद पंछी'

बहुचर माँ – किन्नरों की

जागो री… जागो री… जागो री माँ…
जागो री, जागो री, बहुचर माँ
नर की है माँ न तू नारी की माँ,
आधे नर आधे नारी की माँ।
जिसका न होगा सबेरा कोई,
ऐसे अभागे उजियारे की माँ।
अँधियारे की माँ, दुखियारे की माँ
मुर्गे पे करती सवारी तू माँ….
निर्वाण की माँ मेरी बहुचर माँ…
जागो री, जागो री, बहुचर माँ

      नर है न नारी है, पीड़ा ये सारी है,
      कैसा ये अन्याय… विधाता ?
      किस बात की है सज़ा ये मिली
      गुनाह क्या हुआ हमसे दाता ?
जागो री जागो री बहुचर माँ
निर्वाण की माँ मेरी बहुचर माँ
नर की है माँ…

      नाम किन्नर पुकारा था किसने ?
      शाप सदियों से है ये हमारा।
      प्यार का स्वाद चखा नहीं
      पाई नफ़रत और दुतकार ही।
जागो री जागो री बहुचर माँ
निर्वाण की माँ मेरी बहुचर माँ

जागो जागो हे बहुचर माता

तेरे दर पे है फिर इक अभागा,

रक्षा करना हे माता इसकी,

कहीं टूटे न जीवन का धागा

रक्षा करो माँ रक्षा करो

निर्वाण करो उद्धार करो

जागो री जागो बहुचर माँ...

तन को मिले चैन, मन को मिले चैन,

ऐसा पवित्र निर्वाण करो माँ,

उध्दार करो कल्याण करो

एक ग़रीब का बेडा पार करो

रक्षा करो माँ रक्षा करो

निर्वाण की माँ निर्वाण करो...

- नाटक - 'जानेमन इधर'

- निर्देशक - सुशील कुमार सिंह

डिरामा (ड्रामा) (कुमाऊँनी लोक गीत पर आधारित)

अब मैं दिखाऊँ, ऐसा डिरामा

जो है बढ़िया चित्रहार से भाई-बैंणियो।

आमा-बूबू, दीदी-भूलियो

जरा देखो इसे प्यार से भाई-बैंणियो।

ना ही ई SSडला अरुण इसमें,

ना ही आगे-पीछे चोली भाई-बैंणियो।

जिसे सुन कर, गुम हो जाये,

'माइकल जैक्सन' की बोली भाई-बैंणियो।

इसे सुन कर बाबा सहगल,

माँगे ठण्डा-ठण्डा पानी, भाई-बैंणियो।

'जूही चावला', जिसे देख कर

अरे याद करे नानी, भाई-बैंणियो।

ये कथा है सामन्ती

जोर-जुल्म के ख़िलाफ़ भाई-बैंणियो।

ये कहानी, कहती है...

अजी लेंगे हम इंसाफ़ भाई-बैंणियो।

अब मैं दिखाऊँ ऐसा डिरामा

जो है बढ़िया चित्रहार से भाई-बैंणियो।

आमा-बूबू, दीदी-भूलियो...

- नाटक - 'नौलखिया दीवान'

घसियारिनों का गीत
(कुमाऊँनी लोक गीत पर आधारित)

कैसे मैं काटूँ रे पालुरी को घासा

पालुरी को घासा।

ठण्डी-ठण्डी हवा चले, उड़े मेरा आँचल,

मुरली की तान बाजे, मन हुआ चंचल

पालुरी को घासा.. पालुरी को घासा।

कैसे में काटूँ रे पालुरी को घासा।

सुआ गया परदेस, दूर परदेस...

मुरली तू बैंहणाँ मेरी, ले जा सन्देस

पालुरी को घासा.. पालुरी को घासा

मुरली की तान सुन, नैन भरे पानी

तेरी राह देख-देख, ढल गयी जवानी

पालुरी को घासा.... कैसे मैं काटूँ रे

पालुरी को घासा।

- नाटक - 'नौलखिया दीवान'

पूरब में लालिमा (क्रान्ति या जागरुकता के रंग कुमाऊँनी लोकगीत पर आधारित)

पूरब में लालिमा, आज तैर आई

बुरुंसी के फूल में है, और लाली छायी

कुम्हलाई घास-पात, फिर से निखर आई,

दूर होगा अंधकार मन में आस आई

चलो-चलो मिलके चलें, राह नई पाई।

पूरब में लालिमा आज तैर आई,

बुरुंसी के फूल में है और लाली छायी।

- नाटक - 'नौलखिया दीवान'

कविता कथा वाचन शैली

राजा सोया है रामा, परजा दुखी

राजा सोया है रामा,

जनता दुःखी

जनता दुखी है, रामा परजा दुखी।

पहाड़ों का ये देश,

राजा, सोया हुआ है,

दीवान जागा हुआ है।

दीवान की दीवानशाही

दीवान शाही का मतलब

लोकशाही नहीं

ये हे जुल्मशाही...

अन्याय शाही...

अत्याचार शाही..

नौलखिया दीवान ने आफ़त मचाई

दुष्टता की पराकाष्ठा दिखाई

राजा सोया है रामा, जनता दुखी।

पसन्द आ गया गाँव एक

हरे-भरे पहाड़ों के बीच,

कैसे हड़प लिया जाये...

जुगत भिड़ाई

पकड़ मँगवाया रातो-रात भाँबर से,

एक चेचक का रोगी

डुबो-डुबो के नहलाया

गाँव के नौले में

सुबह-सबेरे गाँव वालों ने

नहाया-धोया, पानी पिया

सबके सब हो गये।

चेचक के मरीज....

तोड़ गये दम... मच गई त्राहि-त्राहि

एक गर्भवती ने

भाग कर जान बचाई ssss

गाँव हुआ खाली

नौलखिया दीवान ने

पाटिया में

चौपुरा महल की

नीव डलवाई ssss

ssss राजा सोया है रामा

जनता दुखी। जनता दुखी है रामा,

परजा दुखी।

परजा को दुखी करके

दीवान सुखी।

गाँव-गाँव फूँक दिये, छीना अन्न-धन

घर-बार लूट लिये, नंगा है बदन।

नंगा बदन है रामा,

नंगा बदन

कैसी दीवानशाही

कूर तानाशाही...

जनता से बेख़बर, वाह री राजशाही !

कैसी ये राजशाही...

जनता दुखी।

परजा दुखी है रामा, जनता दुखी

राजा सोया है रामा परजा दुखी।

- नाटक - 'नौलखिया दीवान'

www.ingramcontent.com/pod-product-compliance
Lightning Source LLC
Chambersburg PA
CBHW051222160726
47994CB00002B/717